LEKTÜRE
HILFE

Im Westen nichts Neues

Erich Maria Remarque

Verfasst von Elena Pinaud
und Delphine Le Bras
Übersetzt von Miriam Traub

ERICH MARIA REMARQUE

DEUTSCHER ROMANAUTOR

- **Geboren 1898 in Osnabrück**
- **Gestorben 1970 in Locarno (Schweiz)**
- **Einige seiner Werke:**
  - *Im Westen nichts Neues* (1929), Roman
  - *Drei Kameraden* (1937), Roman
  - *Zeit zu leben, Zeit zu sterben* (1954), Roman

Erich Paul Remark, der unter seinem Pseudonym Erich Maria Remarque bekannt ist, zeigt sich in seinen Werken als leidenschaftlicher Verfechter von Werte wie Freundschaft, Solidarität und Pazifismus (*Drei Kameraden*). Darüber hinaus wird in seinem Schaffen deutlich, dass er stark von den Ereignissen seiner Zeit geprägt wurde, insbesondere von der Wirtschaftskrise (*Der schwarze Obelisk*, 1956), der Diktatur und der Unterdrückung (*Zeit zu leben, Zeit zu sterben*).

Seine ersten, sehr aufwühlenden, Romane

wurden bei ihrer Erscheinung bewusst falsch interpretiert. Dem Autor wurde vorgeworfen, in seinen Werken antinationalistische Botschaften zu verbreiten und aus diesem Grund die deutsche Staatsbürgerschaft entzogen.

IM WESTEN NICHTS NEUES

DER KRIEG AUS DER SICHT EINES FREIWILLIGEN DEUTSCHEN SOLDATEN

- **Textgattung:** Roman
- **Herangezogene Ausgabe**: Remarque, Erich Maria: *Im Westen nichts Neues*, KiWi Taschenbuch, Köln, 1987
- **Erstausgabe:** 1929
- **Themen:** Erster Weltkrieg, Deutschland, Krieg, Angst und Schrecken

Im Westen nichts Neues (1929) ist die bewegende und gleichzeitig faktentreue und poetische Geschichte eines einfachen deutschen Soldaten, der während des Ersten Weltkriegs mit knapp 19 Jahren an die Front geschickt wurde. Der Autor des Werkes wurde selbst durch diese dunkle und blutige Zeit der Geschichte geprägt und wollte sich mithilfe des Romans mit der Welt und sich selbst aussöhnen.

Der Roman ist der erste des Autors und wurde weltweit als Erfolg gefeiert, er wurde in mehr als 25 Sprachen übersetzt, stieß allerdings durch seine pazifistische Botschaft insbesondere in Deutschland, Italien und Russland in den Zeiten des aufsteigenden Faschismus und Konflikten zwischen den einzelnen Mächten Europas auf heftigen Widerstand.

INHALTSANGABE

ERSTE ZWEIFEL

Der junge Soldat Paul Bäumer erzählt schonungslos und realistisch von seinen Erlebnissen während des Ersten Weltkriegs. Obwohl er zu Beginn ein vorbildlicher Soldat ist, wird er sich schnell der Grausamkeit, des Machtmissbrauchs und der Sinnlosigkeit des Krieges bewusst.

Seine Erzählung beginnt mit dem Ruhetag einer Truppe deutscher Soldaten, die an der französischen Front kämpfen, darunter Tjaden, Müller, Katczinsky, Kropp, Westhus, Detering und der Erzähler Paul Bäumer. Sie essen ihre eigenen Essensrationen und die der gefallenen Kameraden, lesen Zeitung und hören Musik. Diese Momente geben ihnen ein Stück Normalität und Zufriedenheit in der schwierigen Zeit.

Bäumer erinnert sich an den Moment der Rekrutierung. Er und seine Kameraden waren erst 18 Jahre alt, als sie sich, ermutigt von ihrem Professor Kantorek, dazu entschieden, sich bei der Armee zu melden. Nach zehn Wochen Ausbildung in einer Kaserne, währenddessen sie bereits vom absurden Verhalten ihrer Vorgesetzten verstört wurden, schickte man sie an die Front. Am Ende der Ausbildung, die dazu dienen sollte, die Jugendlichen nach ihren Vorstellungen „hart, [...] mitleidlos, rachsüchtig, roh“ zu machen, sind sie bereit, in den Krieg zu ziehen.

Doch das Leben an der Front ist unerbittlich, ihrem Kameraden Kemmerich werden die Beine amputiert und er stirbt vor den Augen machtloser und gleichgültiger Ärzte im Lazarett. Ereignisse wie diese lassen die Soldaten immer stärkere Zweifel über die patriotischen Reden ihrer Eltern und Lehrer und den Sinn des Krieges verspüren.

EINE FRAGE DER AUTORITÄT

Bäumer und seine Kameraden reden über den Krieg, Vorgesetzte, die ihre Autorität missbrauchen und darüber, dass „nur im Schützengrabender Drill aufhört“. Als sie ins Lager zurückkehren, werden sie von der französischen Artillerie angegriffen und müssen sich in einem Friedhof verstecken und Gasmasken aufsetzen. Bäumer benutzt Teile zerborstener Särge als Schutz.

Als der Angriff vorüber ist, entlausen sich die Soldaten, reden darüber, was sie nach dem Krieg tun wollen und werden dabei von ihrem Vorgesetzten und ehemaligen Ausbilder, Himmelstoß, unterbrochen. Tjaden beleidigt ihn und wird deshalb vor dem Kriegsgericht erscheinen müssen, genau wie Knopp, der ebenfalls wegen Verschmähung eines Offiziers aufgefallen ist. Die beiden werden zu einigen Tagen „Arrestlokal" verurteilt, was bedeutet, dass sie einige Tage in einem alten Hühnerstall verbringen müssen.

DER ZUFALL

Durch die immer gewalttätigeren Angriffe der Engländer mussten die Deutschen ihre Geschosse so oft benutzen, dass diese nur schlecht zielen können und so töten sie unabsichtlich sogar Soldaten aus dem eigenen Lager. Bäumer glaubt, dass das Leben und der Tod, also ob man getroffen wird oder nicht, nur eine Frage des Zufalls ist. „Und jeder Soldat glaubt und vertraut dem Zufall." Während der Angriffe der Deutschen fühlt sich Bäumer unter dem Schutz der Projektile seiner Armee stärker. Doch er hat ebenso das Gefühl, jegliche Menschlichkeit zu verlieren, wenn er Soldaten beider Lager sieht, die bei der Explosion der Granaten in Stücke gerissen werden.

Nach dem Angriff ist Bäumer froh über die Ruhe und denkt darüber nach, wie wichtig Erinnerungen sind, wie verzweifelt sich die Sterbenden an das Leben klammern und wie naiv die neu rekrutierten Soldaten sind. In einem Feldrekrutendepot können Bäumer und seine Kameraden sich etwas ausruhen, sich sattessen, was sie als das größte Glück eines Soldaten empfinden, und eine Nacht in Gesellschaft einiger Frauen verbringen. Dennoch können sie die Erinnerung an die toten Kameraden nicht vertreiben, die einzige Waffe die sie besitzen, um die Trauer und Angst zu bekämpfen, ist der Humor.

Danach bekommt Bäumer 17 Tage Urlaub und nutzt die Zeit, um seine Mutter und Schwester zu besuchen. Doch das Aufeinandertreffen verläuft recht schweigsam. Bäumer stört es, dass ihn alle in seiner Heimatstadt über die Front ausfragen und ihm Ratschläge geben wollen, wie er den Krieg zu führen hat. Er fühlt sich an diesem Ort nicht mehr so zuhause wie früher.

DIE SCHULD

Sobald Bäumer zu seinen Kameraden an die Front zurückkehrt, fühlt er sich wieder wie in seiner vertrauten Umgebung. Während eines Angriffs versteckt er sich in einem Bombentrichter, während sich die gegnerischen Armeen über ihm beschießen. Ein französischer Soldat rettet sich ebenfalls in sein Versteck und er erdolcht ihn aus Todesangst. Danach ist er gezwungen, neben der Leiche zu verharren und wird von schweren Schuldgefühlen geplagt. Doch Katczinsky und Kropp beruhigen ihn und versichern ihm, dass er keine andere Wahl hatte, als ihn zu töten.

Bäumer und seine Kameraden sollen ein Nahrungslager der Offiziere bewachen, was sie ausnutzen und sich sattessen, bis sie den Befehl erhalten, wieder an die Front zurückzukehren. Unterwegs begegnen sie verzweifelten französischen Flüchtlingen und überleben einen schweren Luftangriff. Dabei werden Bäumer und Kropp verletzt und werden mit dem Zug in ein katholisches Krankenhaus gebracht.

EINE GEOPFERTE GENERATION

Als Bäumer an die Front zurückkehrt, stellt er wieder fest, dass der Beschuss nicht ihr einziges Problem ist. Es fehlt an Lebensmitteln, die neuen Soldaten besitzen keinerlei Erfahrung und viele haben unter dem Kriegstrauma und psychischem Druck zu leiden oder sind schlichtweg völlig verzweifelt und treten aus. Nach Katczinskys Tod fühlt sich Bäumer noch einsamer.

Im Herbst 1918 muss der Erzähler einige Zeit im Lazarett verbringen, weil er zu viel Gas eingeatmet hat, und wartet dort wie die anderen auf den Waffenstillstand. Er hat das Gefühl, dass seine Generation nach dem Krieg nutzlos ist. In dem Moment, in dem sie sich ein Leben hätten aufbauen sollen, haben sie nur den Krieg kennengelernt.

Das Ende des Romans erzählt knapp den Tod Bäumers. Er wird im Oktober 1918 tot an der Front gefunden, an einem Tag, der so still ist, dass „der Heeresbericht sich nur auf den Satz beschränkte, im Westen sei nichts Neues zu melden."

PERSONENANALYSE

PAUL BÄUMER

Der Erzähler Paul Bäumer ist 19 Jahre alt und mit Klassenkameraden an die Front gezogen. Zunächst erscheint er sehr pragmatisch, weil er nüchtern davon erzählt, wie wichtig Nahrung, Schlaf und andere menschliche Bedürfnisse sind: „Hier draußen ist die Sache aber geradezu ein Genuß. Ich weiß nicht mehr, weshalb wir früher an diesen Dingen immer scheu vorbeigehen mussten, sie sind ja ebenso natürlich wie Essen und Trinken".

Der Erzähler lernt das Leben an der Front fast wie ein neues Land und seine Sitten kennen und teilt seine Erfahrung mit dem Leser. Er erzählt ausführlich von den wenigen glücklichen Momenten, wenn sie gemeinsam in der Gemeinschaftslatrine rauchen und ist sich dabei bewusst, welches Glück sie haben, überhaupt noch am Leben zu sein. Da an der Front der Tod stets präsent ist, lernt er das Leben und dessen kleine Freuden, wie den Anblick des roten Mohns, gutes Essen, Zigaretten und den Sommerwind, viel stärker zu schätzen.

Über sich selbst berichtet Paul nur wenig. Er drückt sich oft durch „wir" aus und spricht für seine Kameraden mit. Nur durch einige wenige Hinweise kann sich der Leser ein Bild von ihm machen. Bevor er an die Front ging, liebte Paul die Literatur und schrieb auch selbst: „Es ist für mich sonderbar, daran zu denken, dass zuhause, in einer Schreibtischschublade, ein angefangenes Drama, „Saul" und ein Stoß Gedichte liegen. Doch der Krieg lässt ihn sich von seinen Interessen entfernen und während seines Urlaubs gelingt es ihm nicht, die Freude beim Lesen seiner einst geliebten Bücher wiederzufinden. Der Krieg hat seine Verbindung zur echten Welt getrennt.

Paul stammt aus einer einfachen Familie, er hat eine Schwester namens Erna und sein Vater arbeitet viel, um für die Kosten der Behandlung der krebskranken Mutter aufkommen zu können. Seine Familie liebt ihn sehr, doch bei seiner Rückkehr fühlt sich Paul fehl am Platz, denn er hat das Gefühl, in der normalen Welt ein Fremder zu sein: „Ein fürchterliches Gefühl der Fremde steigt plötzlich in mir hoch. Ich kann nicht zurückfinden, ich bin ausgeschlossen, sosehr ich auch bitte und mich anstrenge, nichts bewegt sich, teilnahmslos und traurig sitze ich wie ein Verurteilter da [...]".

An der Front verhält er sich stets kameradschaftlich und hilfsbereit und bedauert es trotzdem, auf eine gewisse seltsame und schmerzhafte Art und Weise abgestumpft zu sein, so dass er, wie auch die anderen Soldaten, selbst kaum noch Trauer empfinden kann. Es ist, als hätte das Militär und die Kriegserfahrung ihm seine Persönlichkeit geraubt. Oft gibt er zu, dass er nicht weiß, was er nach dem Krieg mit seinem Leben anfangen soll und dass es für ihn schwierig wäre, sich wieder in die Gesellschaft zu integrieren.

Gegen Ende des Romans nimmt das deprimierte und unsicher Gefühl des Protagonisten über seine Zukunft zu. Denn über Jahre hinweg waren er und die anderen Soldaten nur damit beauftragt, zu töten, dies war der erste Beruf ihres Lebens und mit dem Tod endet alles, was sie gelernt haben. Er stellt sich also die Frage, was danach aus ihnen werden wird.

Obwohl er sich freiwillig zum Kriegsdienst gemeldet hat, betrachtet Paul Bäumer den Krieg und seine Sinnlosigkeit ohne sich etwas vorzumachen. Er weiß weder warum, noch wofür er eigentlich kämpft, noch, was nach dem Krieg aus ihm werden könnte. Schließlich stirbt er gegen Ende des Krieges an einem ruhigen Tag. Sein Ende zeigt die Macht des Zufalls über Leben und Tod der Soldaten, denn er stirbt nicht während einer großen Schlacht, sondern an einem gewöhnlichen Tag. Der Leser erfährt also nicht, wie Pauls Leben nach dem Krieg verlaufen wäre. Damit wird er zum Symbol einer Generation, die sich für den Krieg geopfert hat, Soldaten ohne Zukunft.

In Bäumers Charakter lassen sich autobiographische Züge Erich Maria Remarques finden:

- Eine der Großmütter E.M. Remarques hieß Beumer;
- Wie Paul Bäumers Mutter starb auch die Mutter des Autors im Jahr 1917 an Krebs;
- Das Zimmer und die Heimatstadt des jungen Soldaten, werden soweit bekannt ist, wie die des Autors beschrieben;
- Remarque hat ebenfalls als Soldat gedient und die dunkle Zeit des Krieges blieb dem Autor stets im Gedächtnis, denn er war auch zehn

Jahre später noch depressiv. Wahrscheinlich sind in seinen Werken deshalb so viele autobiographische Züge erkennbar, denn er glaubte, damit sein Trauma überwinden und anderen Menschen ebenfalls dabei helfen zu können. In gewisser Hinsicht ist Paul Bäumer also das alte Ich Erich Maria Remarques, doch seine Erfahrung kann ebenfalls die eines jeden Soldaten sein.

ALBERT KROPP

Albert Kropp ist ein Kamerad, den Bäumer für seine Intelligenz schätzt. Er hat die besten Ideen und ist allein deswegen ein erstklassiger Soldat. Er ist wie Paul 19 Jahre alt und sie waren in der Schule Banknachbarn. Zu Beginn der Erzählung ist Albert noch in Kontakt mit ihrem alten Lehrer Kantorek, der sie zur freiwilligen Verpflichtung ermutigt hatte.

Der junge Mann ist gut darin, Situationen zu analysieren. Als die Soldaten beispielsweise überlegen, was sie nach dem Krieg tun sollen, beschreibt er ihnen ihre Zukunft, indem er ihnen das normale Leben vor die Augen führt. Er sagt, dass Kat, Detering und Haie wie vor dem Krieg ihren Beruf fortsetzen werden und dass die anderen sich einen Beruf suchen werden müssen, was sich als schwierig herausstellen wird, denn der Krieg habe sie für alles verdorben. Alberts Weltanschauung ist friedlich und dennoch desillusioniert.

Bei einem Kampf werden er und Paul Bäumer verletzt, er befürchtet, sein Bein müsse amputiert werden und erwägt sogar, sich umzubringen. Da er nicht als „Krüppel" durch die Welt gehen will, schwört er sich: „Wenn sie mir einen Knochen abnehmen, mach ich Schluss". Als ihm das Bein letztendlich amputiert wird, spricht er kaum noch, doch er behauptet noch immer, sich umbringen zu wollen, sobald er wieder einen Revolver anfasst.

TJADEN

Tjaden ist genauso alt wie Bäumer. Er war vor dem Krieg Schlosser und ein kindlicher und ängstlicher junger Mann, der auf den Schutz seiner Freunde angewiesen war. Doch das grausame Leben an der Front hat ihn gelehrt, seine Ängste zu überwinden, alleine zurechtzukommen und sich zu behaupten. In der Kaserne wird er von

Himmelstoß gedemütigt, weil er jede Nacht ins Bett macht, doch an der Front findet er den Mut, sich gegen seinen ehemaligen Vorgesetzten ohne Angst vor Strafen zu zur Wehr zu setzen.

STANISLAS KATCZINSKY

Stanislas Katczinsky, Kat genannt, ist der Anführer der Gruppe. Er hat bereits eine Frau und ein Kind, die er gerne wiedersehen würde. Der ehemalige Schuster ist älter als seine Kameraden, schlau und schafft es stets, aus den sich ihm bietenden Gelegenheiten Nutzen zu ziehen. Er besitzt ein gutes Gespür, um Gefahren, gutes Essen und Verstecke ausfindig zu machen.

Paul Bäumer bewundert ihn sehr, unter anderem für seine Instinkte: „Katczinsky ist nicht zu entbehren, weil er einen sechsten Sinn hat". Deshalb legt er auch viel Wert auf dessen Meinung und stimmt ihm oft zu: „Katczinsky hat recht. Es wäre alles nicht so schlimm mit dem Krieg, wenn man nur mehr Schlaf haben würde". Er ist ein Mann klarer Worte, der gerne redet und seine Ansichten auf charismatische und bestimmte Weise darlegt: „Und was Kat sagt, das hat er sich überlegt".

Kat stirbt auf tragische Weise bei einem Angriff, dessen Gefahr er selbst vorausgesehen hatte. Paul versucht vergeblich, ihn zu retten, doch er hat eine schwere Verletzung am Bein und stirbt auf Pauls Schultern, als er am Kopf von einer Granatenexplosion getroffen wird. Paul bemerkt dies zunächst gar nicht, denn der Granatensplitter hat scheinbar nur ein winziges Loch in seinem Kopf verursacht, dass jedoch ausgereicht hat, um ihn zu töten.

FRANZ KEMMERICH

Franz Kemmerich und Bäumer sind zusammen aufgewachsen. Als bei einem Angriff sein Bein verletzt wird, besuchen ihn seine Kameraden im Krankenhaus. Es wird jedoch schnell klar, dass es keine Hoffnung für ihn gibt: „[...] jeder sieht, dass Kemmerich nicht mehr aus diesem Saal herauskommt".

Der Tod des 19-jährigen, junge Mannesn der in einem Krankenhaus vor den Augen eines Arztes stirbt, ist der erste, den der Leser miterlebt. Da klar ist, dass es keine Hoffnung mehr für ihn gibt, wird nicht einmal der Versuch unternommen, ihn zu retten, und auch Morphium bekommt er erst, als seine Kameraden einen Sanitäter bestechen. Franz ist also der Erste, der als Symbol für eine Generation zu sehen ist, die dem Krieg geopfert wurde und einen solch sinnlosen Tod stirbt. Für Bäumer ist es der schmerzhafteste Tod, den er bisher gesehen hat und er leidet sehr darunter. Als er Urlaub bekommt, besucht er Kemmerichs Mutter und schwört ihr, dass ihr Sohn bei seinem Tod nicht leiden musste.

KANTOREK

Kantorek ist ein ehemaliger Lehrer Bäumers und seiner Kameraden, ein „strenger kleiner Mann [...] mit einem Spitzmausgesicht". Mit seinen Reden hat er die gesamte Klasse Bäumers ermutigt, in den Krieg zu ziehen, er trägt also einen erheblichen Teil der Verantwortung für den Tod der jungen Männer.

Der Erzähler hegt einen gewissen Groll gegen den Lehrer, der große Reden schwingt und seine Schüler dazu bringt, in den Krieg zu ziehen, selbst aber weit weg von der Front bleibt. Er steht stellvertretend für eine Generation, die ihre Jugendlichen geopfert hat: „Wir mussten erkennen, dass unser Alter ehrlicher war als das ihre; sie hatten vor uns nur die Phrase und die Geschicklichkeit voraus".

Im zweiten Teil des Buchs erfährt der Leser, dass Kantorek in der Kaserne Landsturmmann unter Befehl seines ehemaligen Schülers Mittelstaedt steht. Dieser weist ihn nun mit seinen eigenen Worten und sogar in derselben Stimmlage zurecht.

HIMMELSTOSS

Himmelstoß ist klein und gelernter Postbeamter, in der Kaserne soll er Paul Bäumer und seine Kameraden einführen. Er formt und drillt die Jugendlichen, ohne selbst je einen Angriff an der Front erlebt zu haben, was die Unsinnigkeit der Militärhierarchie und der Ausbildung der Rekrutierten unter Beweis stellt. Seine Autorität und die Situation in der Kaserne nutzt er, um die jungen Soldaten zu demütigen und zu erniedrigen: „Nach drei Wochen war es uns nicht mehr unfasslich, daß ein betreßter Briefträger mehr Macht über uns besaß als früher unsere Eltern, unsere Erzieher und sämtliche Kulturkreise von Plato bis Goethe zusammen".

Was die Bestrafungen der Rekrutierten angeht, ist Himmelstoß ebenso einfallsreich wie sadistisch:

> Er trieb in der benachbarten Baracke einen zweiten Bettnässer auf, der Kindervater hieß. Den quartierte er mit Tjaden zusammen. In den Baracken standen die typischen Bettgestelle, zwei Betten übereinander, die Bettböden aus Draht. Himmelstoß legte beide nun so zusammen, dass der eine das obere, der andere das darunter befindliche Bett bekam. Der Untere war dadurch natürlich scheußlich dran. [...] Das war Himmelstoß' Selbsterziehung.

Doch an der Front verhält er sich in derselben Truppe wie Paul Bäumer feige und versucht, Kämpfe zu vermeiden. Auch er steht für eine Generation, die ihre Jugendlichen dem Krieg geopfert hat.

INTERPRETATION

Der Erste Weltkrieg

Der Roman spielt zur Zeit des Ersten Weltkriegs (1914-1918), in dem der Dreibund zwischen Deutschland, Österreich-Ungarn und dem Königreich Italien (später schlossen sich auch das Osmanische Reich und Bulgarien an) gegen die Triple-Entente aus Frankreich, Russland und Großbritannien (die von Japan, Rumänien, Portugal, den USA, Griechenland, China und einiger südamerikanischer Staaten unterstützt wurde) kämpfte.

Die wirtschaftliche und territoriale Expansionspolitik Deutschlands, die darauf gerichtet war, die wirtschaftliche Übermacht in Europa zu gewinnen und Kolonialgebiete in afrikanischen Ländern zu errichten, hatte in Europa bereits erhebliche Spannungen verursacht. Diese spitzten sich mit dem Attentat von Sarajevo durch ein Mitglied der serbisch-nationalistischen

Bewegung Mlada Bosna auf den Erzherzog und Thronfolger Österreich-Ungarns, Franz Ferdinand (1863-1914), der dabei starb, zu. Im Juli 1914 erklärte Österreich-Ungarn Serbien mit der Unterstützung Wilhelms II (König der Preußen und deutscher Kaiser, 1859-1941) den Krieg. Durch die Bildung von Allianzen entwickelte sich der Konflikt rasch zu einem Weltkrieg.

Der Krieg führte zum Zusammenbruch des Russischen Kaiserreichs, Österreich-Ungarns, des Osmanischen Reichs und des Zweiten Kaiserreichs Deutschlands (1871-1918). Dabei starben schätzungsweise mehr als 18 Millionen Menschen weltweit. An der Westfront wurden während des Stellungskriegs etliche Kämpfe ausgetragen, eine defensive Art der Kriegsführung, die von statischen Frontverläufen geprägt ist und typisch für einen festgefahrenen Konflikt ist.

EINE SUBJEKTIVE VERSION DES KRIEGES

Die Erzählung des Unaussprechlichen

Da der Roman in der ersten Person und in einem sehr persönlichen Ton verfasst ist, wird der Leser in die leidvolle und grausame Stimmung des Ersten Weltkriegs hineinversetzt. Die subjektive Erzählform eines Soldaten, der den Krieg direkt an der Front miterlebt und die Geschehnisse und seine Sorgen mit dem Leser teilt, machen die Authentizität des Werkes aus.

Trotzdem fällt es Paul Bäumer schwer, vom Krieg zu sprechen und die Realität an der Front denen zu schildern, die sie nicht selbst erleben, wie bei seinen Urlauben. Einerseits würde er gerne von seinen Erlebnissen sprechen, doch andererseits hat er Angst, dass die Geschehnisse damit unüberwindbar werden und ihn auffressen, wenn er seine Gefühle nicht mehr beherrschen kann.

Indem er das Unaussprechbare aufschreibt, kann Bäumer, und damit auch der Autor, seine Erinnerungen frei teilen und anderen von der Grausamkeit der Front berichten.

Im Westen nichts Neues ist kein heldenhafter Kriegsbericht, in dem Kämpfe verherrlicht und militärische Strategien erklärt werden. Anders als viele Geschichtsbücher berichtet der Erzähler von seinem Alltag an der Front und seinen persönlichen Erlebnissen, zu denen ebenso triviale Themen, wie Nahrung, natürliche Bedürfnisse und Verdauung, oder sexuelle Begegnungen mit hungerleidenden jungen Französinnen zählen, wie auch der Tod, verstümmelte Körper, etc.

Ein poetisches Werk

Der Erzähler war einst ein begeisterter Literaturliebhaber. Obwohl er die Macht der Worte und die Redenschwinger, die die Jugend dazu animiert haben, sich in den Krieg zu stürzen, kritisiert („Während sie noch schrieben und redeten, sahen wir Lazarette und Sterbende"), bedient er sich doch des gleichen Mittels, um die Realität an der Front zu schildern.

Dabei setzt Paul Bäumer geschickt die Feinheit der Stilmittel ein und nutzt beispielsweise Anaphern, um seinen Erzählungen Gefühle zu verleihen: „[...] nehmt mich auf, nimm mich auf, du Leben von früher, du sorgloses, schönes, nimm mich wieder auf".

Niemals werden allein bloße Fakten dargestellt und oft finden sich humorvolle Passagen in Pauls Beschreibungen: „Dem Soldaten ist sein Magen und seine Verdauung ein vertrauteres Gebiet als jedem anderen Menschen. Drei Viertel seines Wortschatzes sind ihm entnommen und sowohl der Ausdruck höchster Freude als auch der tiefsten Entrüstung findet hier kernige Untermalung". Denn Humor ist das einzige Mittel gegen die Grausamkeit des Krieges und den „Frontkoller". „Wenn jemand stirbt, dann heißt es, dass er den Arsch zugekniffen hat, und so reden wir über alles". Der Humor bewahrt sie davor, verrückt zu werden und macht sie widerstandsfähig gegen all das Leid, das sie erfahren.

Selbst die trivialsten Beschreibungen sind poetisch: „Leicht hätte es sein können, dass wir heute nicht auf unsern Kästen säßen, es war verdammt nahe dran. Und darum ist alles neu und stark – der rote Mohn und das gute Essen, die Zigaretten und der Sommerwind". Oder: „Es sind wunderbare gedankenlose Stunden. Über uns steht der blaue Himmel. Am Horizont hängen hell bestrahlte gelbe Fesselballons und die weißen Wolken der Flakgeschosse“.

Inmitten all der Grausamkeit an der Front fallen ihm sogar zwei Schmetterlinge auf „Einen ganzen Vormittag spielen zwei Schmetterlinge vor unserem Graben. Es sind Zitronenfalter, ihre gelben Flügel haben rote Punkte“. Diese poetischen Beschreibungen geben dem Erzähler seine menschliche Seite zurück und zeigen, dass er selbst mitten im Kampf und trotz all der Angst und dem Schrecken Gedanken voller Poesie hat. Er bleibt sensibel gegenüber der Natur und dem Leben, um sich vor dem Tod zu schützen.

DIE PAZIFISTISCHE BOTSCHAFT

Im Westen nichts Neues zeigt dem Erzähler die Zerstörung des Krieges und ihre unmittelbaren Folgen: Tote, Verstümmelte, Hungerleiden, zerstörte Familien, verwüstete Dörfer und Flüchtlinge. Damit stellt der Roman sowohl die Ursprünge, als auch die kurzfristigen und langfristigen Folgen des Krieges dar. In jedem Kapitel finden sich zahlreiche Argumente Pauls gegen den Krieg.

Die Grausamkeit an der Front

Der Krieg verstümmelt die Menschen, zahlreiche Amputationen werden vorgenommen, da die Ärzte bei den unzähligen Verletzten lieber mehr Menschenleben retten, als sich mit der komplizierten Behandlung eines Einzelnen aufhalten. Paul beschreibt, wie in den Krankenhäusern die Grausamkeit des Krieges an den Verletzten unmittelbar deutlich wird:

> Ich kenne die furchtbaren Bilder aus dem Lazarett. Gaskranke, die in tagelangem Würgen die verbrannten Lungen stückweise auskotzen. Und dabei ist das nur ein einziges Lazarett, nur eine einzige Station- es gibt Hunderttausende in Deutschland, Hunderttausende in Frankreich, Hunderttausende in Russland. Wie sinnlos ist alles, was je geschrieben, gedacht, getan wurde, wenn so etwas möglich ist! [...]. Erst das Lazarett zeigt, was der Krieg ist.

Die Menschen leiden körperlich sowohl an der Front als auch im Krankenhaus. Gliedmaßen und Gesichter werden verstümmelt, manche haben offene Eingeweide, etc. Skrupellose Ärzte nutzen verletzte Soldaten als Ausbildungshilfsmittel, um neue orthopädische Techniken an ihnen zu testen: „Wenn der Alte euch erstmal unter dem Messer gehabt hat, seid ihr Krüppel".

Die Entmenschlichung

Doch der Krieg verstümmelt auch die Seele der Menschen: „Was wir wissen, ist vorläufig nur, daß wir auf eine sonderbare und schwermütige Weise verroht sind, obschon wir nicht einmal oft mehr traurig werden.". Der Krieg macht die Soldaten gleichgültig und lässt sie aus Selbstschutz Gefühle so gut es geht vermeiden, auch wenn Paul Bäumer mehrmals von Panikattacken seiner Kameraden erzählt.

An der Front werden Männer zu Bestien, sie werden entmenschlicht und als neu Rekrutierte wie ein gleichgeschalteter Schwarm Fliegen, oder eine Horde Schafe, Hasen oder Hunde angesehen. Nur dank Alkohol und Humor gelingt es ihnen, nicht einzuknicken. „Wir tun das nicht, weil wir Humor haben, sondern wir haben Humor, weil wir sonst kaputt gehen."

Die Sinnlosigkeit des Krieges

Wenn sie über die Sinnlosigkeit des Kriegs nachdenken, unterscheiden Tjaden und Kaczinsky zwischen der „Heimat“, also dem Volk, und dem „Staat“, zu dem sie die Regierung, die Feldgendarmen, Polizei und Steuern zählen. Nicht die Heimat, sondern die Staaten erklären sich gegenseitig den Krieg und deswegen gibt es keinen Grund, sich gegenseitig umzubringen. Der Krieg ist eine Sache zwischen zwei Staaten, die den größtmöglichen Nutzen für sich selbst ziehen wollen und dafür die Soldaten benutzen.

Von da an sind die Rekrutierten fest überzeugt von der Sinnlosigkeit des Krieges. Es gibt keinen Grund dafür, Krieg zu führen und so sie führen nur Befehle aus, die sie selbst nicht verstehen:

> Ein Befehl hat diese stillen Gestalten zu unseren Feinden gemacht; ein Befehl könnte sie in unsere Freunde verwandeln. An irgendeinem Tisch wird ein Schriftstück von einigen Leuten unterzeichnet, die keiner von uns kennt [...].

Die Sinnlosigkeit des Krieges wird auch durch Bäumers Tod deutlich, der an einem ereignislosen Tag stirbt: „Er fiel im Oktober 1918, an einem

Tage, der so ruhig und still war an der ganzen Front, dass der Heeresbericht sich nur auf den Satz beschränkte, im Westen sei nichts Neues zu melden".

Mitteilungen dieser Art gab es oft in Stellungskämpfen, die wie erstarrt waren und in denen Nichts geschah, bis auf den Tod zahlreicher vom Krieg gebeutelter Soldaten.

Blinder Patriotismus und Scheinheiligkeit

Die beschönigenden und patriotischen Reden Kantoreks, Himmelstoß' sowie der Bourgeoisie, der reichen Industriellen und Politiker, die die Jugend davon überzeugen sollen, in den Krieg zu ziehen, werden ebenfalls kritisiert. Den noch unreifen Jugendlichen sollten die Vertreter des Staats und die Autoritäten eigentlich menschliche Werte beibringen: „Mit dem Begriff der Autorität, dessen Träger sie waren, verband sich in unseren Gedanken größere Einsicht und menschlicheres Wissen". Doch sich nicht freiwillig zu verpflichten, wird als antipatriotischer Akt angesehen, was den Jugendlichen das Gefühl geben soll, das Schicksal der gesamten Nation läge in ihren Händen.

Doch diejenigen, die diese Reden schwingen, sind nicht immer an der Front gewesen, um ihre Liebe zur Heimat unter Beweis zu stellen. Sie wollen lediglich ihre privilegierte Stellung und ihre Macht auf Kosten Unschuldiger verstärken. Aus diesem Grund ignorieren Bäumer und seine Kameraden am Ende die großen Töne ihrer Anführer, obwohl sie sich ihrer Plicht als Soldaten bewusst sind. Die Moral des Romans ist auch, dass die Autoritätspersonen den Jugendlichen Werte wie Solidarität und Brüderlichkeit beibringen und ihnen eine Zukunftsperspektive hätten geben müssen, anstatt sie zu ermutigen, mit offenen Armen in eine humanitäre Katastrophe zu laufen.

Autorität und Rache

Als neue Rekruten stellen Bäumer und seine Kameraden die Autorität ihrer Vorgesetzten und der Regierung nicht in Frage, doch mit der Grausamkeit des Krieges ändert sich auch ihre Wahrnehmung, sie erkennen die Ungerechtigkeit und Sinnlosigkeit und schwören den Autoritäten Rache.

Solange sich die Vorgesetzten darauf beschränken, direkte und präzise militärische Befehle auszusprechen, werden sie problemlos akzeptiert. Doch sobald die Befehle darauf gerichtet sind, den Soldaten Schaden zuzufügen oder sie zu demütigen (Putzen der Stube mit einer Zahnbürste, stundenlanges Rennen, weil die Unterhose über den Rand des Schemels hinausragt, auf dem die Sachen aller aufgerichtet sind), tritt der Wunsch nach Vergeltung auf. Tjaden und Kropp haben beispielsweise mit Himmelstoß alte Rechnungen zu begleichen und ein anderer Kamerad wird der Vorgesetzte Kantoreks und nutzt seine Position, um sich für dessen damaligen Hänseleien zu rächen.

Dank ihrer militärischen und politischen Macht sowie des Krieges wird die Generalität genauso berühmt wie die Kaiser. Hinter ihr stehen ebenfalls Einzelne, die aus dem Krieg Profit ziehen, wie die Produzenten abgelaufener Konserven, die den Soldaten geschickt werden.

Die Zersplitterung der Gesellschaft

Für die Soldaten ist die Welt in zwei Teile gespalten: Die der Soldaten, die ums Überleben kämpfen, und eine andere, frühere Welt derer, die den Krieg nicht direkt spüren. Oftmals spricht Paul an, wie fremd er sich dieser früheren Welt fühlt. Während seines Urlaubs zieht er sich lieber alleine zurück, als von seinem Alltag als Soldat erzählen zu müssen. Obwohl er seine Familie liebt und sich um seine Mutter sorgt, hat er nicht mehr das Gefühl, zu ihrer Welt zu gehören, als hätte man ihn entwurzelt. Es gelingt ihm nicht mehr, Zukunftspläne zu schmieden, und er denkt, dass seine Generation sich nach dem Krieg nicht mehr in die Gesellschaft integrieren kann: „[...] Jahre hindurch war unsere Beschäftigung Töten – es war unser erster Beruf im Dasein. Unser Wissen vom Leben beschränkt sich auf den Tod. Was soll danach noch geschehen? Und was soll aus uns werden?". Während einem der letzten Angriffe meint Paul sogar: „Unsere Hände sind Erde, unsere Körper Lehm und unsere Augen Regentümpel. Wir wissen nicht, ob wir noch leben".

Die Hervorhebung menschlicher Werte

Die einzig Positive im Leben an der Front sind folgende Werte:

- Brüderlichkeit: dieses Gefühl kann von den Familien der Soldaten weder verstanden, noch nachempfunden werden, da es nur zwischen den Kameraden existiert, die dem Tod ins Auge sehen und ihn verursachen (wie in der Szene, als Bäumer von Schuldgefühlen geplagt wird, weil er einen französischen Soldaten getötet hat);
- Solidarität: die Soldaten teilen das gleiche Schicksal
- Diese beiden Werte führen „zum Besten, was der Krieg hervorbrachte: zur Kameradschaft!“, die in vielen Szenen deutlich wird:
    - Bäumer und einer seiner Freunde denken darüber nach, einem Soldaten Sterbehilfe zu leisten, um sein Leiden zu beenden und ihn in Würde gehen zu lassen;
    - Sie beschützen sich gegenseitig vor den sinnlosen Befehlen der Vorgesetzten;
    - Bäumer versucht, den Franzosen zu retten, den er erdolchen musste, um selbst zu überleben; etc.

Diese Werte, die die Soldaten an der Front gelernt haben, erscheinen wie die zukünftigen Garanten des Pazifismus. Da sie von der Sinnlosigkeit und der Grausamkeit des Krieges überzeugt sind, könnten sie zukünftige Konflikte verhindern. Über die Front hinaus bilden Werte wie Solidarität, Brüderlichkeit und Kameradschaft eine solide Basis, die die pazifistische Botschaft des Werks unterstreichen.

ZUM NACHDENKEN

FRAGEN ZUR VERTIEFUNG

- Wie würdest Du den seelischen Zustand der deutschen Soldaten bei der Ankunft an der Front und nach zwei Jahren Krieg beurteilen? Was hat sich verändert und warum?
- Wie verstehst Du die patriotischen und verschönernden Reden der Lehrer Bäumers und der übrigen Autoritätspersonen?
- Wieso fühlt sich Bäumer nach zwei Jahren Krieg als Fremder in seiner Familie und seiner Heimatstadt? Kannst Du dieses Gefühl nachvollziehen?
- Wie sollte nach Kropps Meinung ein Krieg ablaufen? Teilst Du seine Ansicht?
- Welche verschiedenen Facetten von Autorität lassen sich im Roman finden? Erkläre anhand von Stellen im Buch. Sind alle dieser Formen legitim?
- Inwiefern ist der Tod Bäumers in den letzten Tagen des Krieges ein unvermeidbares Ende?
- Gibt es in diesem Roman Deiner Meinung nach

Helden?

- Der Krieg entmenschlicht die Soldaten. Bestätige diese Aussage mit Beispielen aus dem Buch.
- Warum kann laut Bäumer das Gefühl der Brüderlichkeit nur von Menschen nachempfunden werden, die den Krieg miterlebt haben?
- Erich Maria Remarque hat den Roman mit einem therapeutischen Ziel geschrieben. Kennst du andere Autoren, die zum selben Zweck geschrieben haben?

Deine Meinung ist uns wichtig!
Hinterlasse doch einen Kommentar auf der Seite unserer Online-Buchhandlung und teile Deine Favoriten in den sozialen Netzwerken!

DARÜBER HINAUS

HERANGEZOGENE AUSGABE

- Remarque, Erich Maria: *Im Westen nichts Neues*, KiWi Taschenbuch, Köln, 1987

SEKUNDÄRLITERATUR

- Keiser, Wolfhard: *Erläuterungen zu Erich M. Remarque: Im Westen nichts Neues, Textanalyse und Interpretation*, C. Bange Verlag, Hollfeld, 2012
- Rüter, Hubert: *Erich Maria Remarque. Im Westen nichts Neues. Ein Bestseller der Kriegsliteratur im Kontext*, Schöningh, Paderborn, 1980

www.derQuerleser.de

ISBN digitale Ausgabe: 9782808005548

ISBN gedruckte Ausgabe: 9782808005555

Pflichtexemplar: D/2017/12603/815

Cover: © Plurilingua

Logo: © Graphicrepublic (Freepik.com) und Plurilingua

In Zusammenarbeit mit Delphine Le Bras für die Personenanalyse von Paul Bäumer, Albert Kropp, Stanislas Katczinsky, Franz Kemmerich, Kantorek und Himmelstoß, sowie die Kapitel „Eine subjektive Vision des Krieges", „Die Grausamkeit an der Front" und „Die Zersplitterung der Gesellschaft".

Digitale Aufbereitung: Primento, der digitale Partner der Herausgeber